LIVRES GRAPHYCO

Publié par Graphyco Classiques

TABLE DES MATIÈRES

DISCOURS DE LA SERVITUDE VOLONTAIRE	1
AUTRES ÉCRITS	43
Sonnet un	43
Sonnet deux	44
Sonnet trois	44
Sonnet quatre	45
Sonnet cinq	46
Sonnet six	46

DISCOURS
DE LA
SERVITUDE VOLONTAIRE

D'avoir plusieurs seigneurs aucun bien je n'y voi : Qu'un, sans plus, soit le maître et qu'un seul soit le roi,

ce disait Ulysse en Homère, parlant en public. S'il n'eût rien plus dit, sinon

D'avoir plusieurs seigneurs aucun bien je n'y voi…

c'était autant bien dit que rien plus ; mais, au lieu que, pour le raisonner, il fallait dire que la domination de plusieurs ne pouvait être bonne, puisque la puissance d'un seul, dès lors qu'il prend ce titre de maître, est dure et déraisonnable, il est allé ajouter, tout au rebours.

Qu'un, sans plus, soit le maître, et qu'un seul soit le roi.

Il en faudrait, d'aventure, excuser Ulysse, auquel, possible, lors était besoin d'user de ce langage pour apaiser la révolte de l'armée ; conformant, je crois, son propos plus au temps qu'à la vérité. Mais, à parler à bon escient, c'est un extrême malheur d'être sujet à un maître, duquel on ne se peut jamais assurer qu'il soit bon, puisqu'il est toujours en sa puissance d'être mauvais quand il voudra ; et d'avoir plusieurs maîtres, c'est, autant qu'on en a, autant de fois être extrêmement malheureux. Si ne veux-je pas, pour cette heure, débattre cette question tant pourmenée, si les autres façons de république sont meilleures que la monarchie, encore voudrais-je savoir, avant que mettre en doute quel rang la monarchie doit avoir entre les républiques, si elle en y doit avoir aucun, pour ce qu'il est malaisé de croire qu'il y ait rien de public en ce gouvernement, où tout est à un. Mais cette question est réservée pour un autre temps, et demanderait bien son traité à part, ou plutôt amènerait quant et soi toutes les disputes politiques.

Pour ce coup, je ne voudrais sinon entendre comme il se peut faire que tant d'hommes, tant de bourgs, tant de villes, tant de nations endurent quelquefois un tyran seul, qui n'a puissance que celle qu'ils lui donnent ; qui n'a pouvoir de leur nuire, sinon qu'ils ont pouvoir de l'endurer ; qui ne saurait leur faire mal aucun, sinon lorsqu'ils aiment mieux le souffrir que lui contredire. Grand'chose certes, et toutefois si commune qu'il s'en faut de tant plus douloir et moins s'ébahir voir un million de millions d'hommes servir misérablement, ayant le col sous le joug, non pas contraints par une plus grande force, mais aucunement (ce semble) enchantés et charmés par le nom seul d'un, duquel ils ne doivent ni craindre la puissance, puisqu'il est seul, ni aimer les qualités, puisqu'il est en leur endroit inhumain et sauvage. La faiblesse d'entre nous hommes est telle, [qu']il faut souvent que nous obéissions à la force, il est besoin de temporiser, nous ne pouvons pas toujours être les plus forts. Donc, si une nation est contrainte par la force de la guerre de servir à un, comme la cité d'Athènes aux trente tyrans, il ne se faut pas ébahir qu'elle serve, mais se plaindre de l'accident ; ou bien plutôt ne s'ébahir ni ne s'en plaindre, mais porter le mal patiemment et se réserver à l'avenir à meilleure fortune.

Notre nature est ainsi, que les communs devoirs de l'amitié l'emportent une bonne partie du cours de notre vie ; il est raisonnable d'aimer la vertu, d'estimer les beaux faits, de reconnaître le bien d'où l'on l'a reçu, et diminuer souvent de notre aise pour augmenter l'honneur et avantage de celui qu'on aime et qui le mérite. Ainsi donc, si les habitants d'un pays ont trouvé quelque grand personnage qui leur ait montré par épreuve une grande prévoyance pour les garder, une grande hardiesse pour les défendre, un grand soin pour les gouverner ; si, de là en avant, ils s'apprivoisent de lui obéir et s'en fier tant que de lui donner quelques avantages, je ne sais si ce serait sagesse, de tant qu'on l'ôte de là où il faisait bien, pour l'avancer en lieu où il pourra mal faire ; mais certes, si ne pourrait-il faillir d'y avoir de la bonté, de ne craindre point mal de celui duquel on n'a reçu que bien.

Mais, ô bon Dieu ! que peut être cela ? comment dirons-nous que cela s'appelle ? quel malheur est celui-là ? quel vice, ou plutôt quel malheureux vice ? Voir un nombre infini de personnes non pas obéir, mais servir ; non pas être gouvernés, mais tyrannisés ; n'ayant ni biens ni parents, femmes ni enfants, ni leur vie même qui soit à eux ! souffrir les pilleries, les paillardises, les cruautés, non pas d'une armée, non pas d'un camp barbare contre lequel il faudrait défendre son sang et sa vie devant, mais d'un seul ; non pas d'un Hercule ni d'un Samson, mais d'un seul hommeau, et le plus souvent le plus lâche et femelin de la nation ; non pas accoutumé à la poudre des batailles, mais encore à grand peine au sable des tournois ; non pas qui puisse par force commander aux hommes, mais tout empêché de servir vilement à la moindre femmelette ! Appellerons-nous cela lâcheté ? dirons-nous que ceux qui servent soient couards et recrus ? Si deux, si trois, si quatre ne se défendent d'un, cela est étrange, mais toutefois possible ; bien pourra-l'on dire, à bon droit, que c'est faute de cœur. Mais si cent, si mille endurent d'un seul, ne dira-l'on pas qu'ils ne veulent point, non qu'ils n'osent pas se prendre à lui, et que c'est non couardise, mais plutôt mépris ou dédain ? Si l'on voit, non pas cent, non pas mille hommes, mais cent pays, mille villes, un million d'hommes, n'assaillir pas un seul, duquel le mieux traité de tous en reçoit ce mal d'être serf et esclave, comment pourrons-nous nommer cela ? est-ce lâcheté ? Or, il y a en tous vices naturellement quelque borne, outre laquelle ils ne peuvent passer : deux peuvent craindre un, et possible dix ; mais mille, mais un million, mais mille villes, si elles ne se défendent d'un, cela n'est pas couardise, elle ne va point jusque-là ; non plus que la vaillance ne s'étend pas qu'un seul échelle une forteresse, qu'il assaille une armée, qu'il conquête un royaume. Donc quel monstre de vice est ceci qui ne mérite pas encore le titre de couardise, qui ne trouve point de nom assez vilain, que la nature désavoue avoir fait et la langue refuse de nommer ?

Qu'on mette d'un côté cinquante mille hommes en armes, d'un autre autant ; qu'on les range en bataille ; qu'ils viennent à se joindre, les uns libres, combattant pour leur franchise, les autres pour la leur ôter : auxquels promettra-l'on par conjecture la victoire ? Lesquels pensera-l'on qui plus gaillardement iront au combat, ou ceux qui espèrent pour guerdon de leurs peines l'entretènement de leur liberté, ou ceux qui ne peuvent attendre autre loyer des coups qu'ils donnent ou qu'ils reçoivent que la servitude d'autrui ? Les uns ont toujours devant les yeux le bonheur de la vie passée, l'attente de pareil aise à l'avenir ; il ne leur souvient pas tant de ce qu'ils endurent, le temps que dure une bataille, comme de ce qu'il leur conviendra à jamais endurer, à eux, à leurs enfants et à toute la postérité. Les autres n'ont rien qui les enhardie qu'une petite pointe de convoitise qui se rebouche soudain contre le danger et qui ne peut être si ardente qu'elle ne se doive, ce semble, éteindre par la moindre goutte de sang qui sorte de leurs plaies. Aux batailles tant renommées de Miltiade, de Léonide, de Thémistocle, qui ont été données deux mille ans y a et qui sont encore aujourd'hui aussi fraîches en la mémoire des livres et des hommes comme si c'eût été l'autre hier, qui furent données en Grèce pour le bien des Grecs et pour l'exemple de tout le monde, qu'est-ce qu'on pense qui donna à si petit nombre de gens comme étaient les Grecs, non le pouvoir, mais le cœur de soutenir la force de navires que la mer même en était chargée, de défaire tant de nations, qui étaient en si grand nombre que l'escadron des Grecs n'eût pas fourni, s'il eût fallu, des capitaines aux armées des ennemis, sinon qu'il semble qu'à ces glorieux jours-là ce n'était pas tant la bataille des Grecs contre les Perses, comme la victoire de la liberté sur la domination, de la franchise sur la convoitise ?

C'est chose étrange d'ouïr parler de la vaillance que la liberté met dans le cœur de ceux qui la défendent ; mais ce qui se fait en tous pays, par tous les hommes, tous les jours, qu'un homme mâtine cent mille et les prive de leur liberté, qui le croirait, s'il ne faisait que l'ouïr dire et non le voir ? Et, s'il ne se faisait qu'en pays étranges et lointaines terres, et qu'on le dit, qui ne penserait que cela fut plutôt feint et trouvé que non pas véritable ? Encore ce seul tyran, il n'est pas besoin de le combattre, il n'est pas besoin de le défaire, il est de soi-même défait, mais que le pays ne consente à sa servitude ; il ne faut pas lui ôter rien, mais ne lui donner rien ; il n'est pas besoin que le pays se mette en peine de faire rien pour soi, pourvu qu'il ne fasse rien contre soi. Ce sont donc les peuples mêmes qui se laissent ou plutôt se font gourmander, puisqu'en cessant de servir ils en seraient quittes ; c'est le peuple qui s'asservit, qui se coupe la gorge, qui, ayant le choix ou d'être serf ou d'être libre, quitte la franchise et prend le joug, qui consent à son mal, ou plutôt le pourchasse. S'il lui coûtait quelque chose à recouvrer sa liberté, je ne l'en presserais point, combien qu'est-ce que l'homme doit avoir plus cher que de se remettre en son droit naturel, et, par manière de dire, de bête revenir homme ; mais encore je ne désire pas en lui si grande hardiesse ; je lui permets qu'il aime mieux je ne sais quelle sûreté de vivre misérablement qu'une douteuse espérance de vivre à son aise. Quoi ? si pour avoir liberté il ne faut que la désirer, s'il n'est besoin que d'un simple vouloir, se trouvera-t-il nation au monde qui l'estime encore trop chère, la pouvant gagner d'un seul souhait, et qui plaigne la volonté à recouvrer le bien lequel il devrait racheter au prix de son sang, et lequel perdu, tous les gens d'honneur doivent estimer la vie déplaisante et la mort salutaire ? Certes, comme le feu d'une petite étincelle devient grand et toujours se renforce, et plus il trouve de bois, plus il est prêt d'en brûler, et, sans qu'on y mette de l'eau pour l'éteindre, seulement en n'y mettant plus de bois, n'ayant plus que consommer, il se consomme soi-même et vient sans force aucune et non plus feu : pareillement les tyrans, plus ils pillent, plus ils exigent, plus ils ruinent et détruisent, plus on leur baille, plus on les sert, de tant plus ils se fortifient et deviennent toujours plus forts et plus frais pour anéantir et détruire tout ; et si on ne leur baille rien, si on ne leur obéit point, sans combattre, sans frapper, ils demeurent nus et défaits et ne sont plus rien, sinon que comme la racine, n'ayant plus d'humeur ou aliment, la branche devient sèche et morte.

Les hardis, pour acquérir le bien qu'ils demandent, ne craignent point le danger ; les avisés ne refusent point la peine : les lâches et engourdis ne savent ni endurer le mal, ni recouvrer le bien ; ils s'arrêtent en cela de le souhaiter, et la vertu d'y prétendre leur est ôtée par leur lâcheté ; le désir de l'avoir leur demeure par la nature. Ce désir, cette volonté est commune aux sages et aux indiscrets, aux courageux et aux couards, pour souhaiter toutes choses qui, étant acquises, les rendraient heureux et contents : une seule chose est à dire , en laquelle je ne sais comment nature défaut aux hommes pour la désirer ; c'est la liberté, qui est toutefois un bien si grand et si plaisant, qu'elle perdue, tous les maux viennent à la file, et les biens même qui demeurent après elle perdent entièrement leur goût et saveur, corrompus par la servitude : la seule liberté, les hommes ne la désirent point, non pour autre raison, ce semble, sinon que s'ils la désiraient, ils l'auraient, comme s'ils refusaient de faire ce bel acquêt, seulement parce qu'il est trop aisé.

Pauvres et misérables peuples insensés, nations opiniâtres en votre mal et aveugles en votre bien, vous vous laissez emporter devant vous le plus beau et le plus clair de votre revenu, piller vos champs, voler vos maisons et les dépouiller des meubles anciens et paternels ! Vous vivez de sorte que vous ne vous pouvez vanter que rien soit à vous ; et semblerait que meshui ce vous serait grand heur de tenir à ferme vos biens, vos familles et vos vies ; et tout ce dégât, ce malheur, cette ruine, vous vient, non pas des ennemis, mais certes oui bien de l'ennemi, et de celui que vous faites si grand qu'il est, pour lequel vous allez si courageusement à la guerre, pour la grandeur duquel vous ne refusez point de présenter à la mort vos personnes. Celui qui vous maîtrise tant n'a que deux yeux, n'a que deux mains, n'a qu'un corps, et n'a autre chose que ce qu'a le moindre homme du grand et infini nombre de nos villes, sinon que l'avantage que vous lui faites pour vous détruire. D'où a-t-il pris tant d'yeux, dont il vous épie, si vous ne les lui baillez ? Comment a-t-il tant de mains pour vous frapper, s'il ne les prend de vous ? Les pieds dont il foule vos cités, d'où les a-t-il, s'ils ne sont des vôtres ? Comment a-t-il aucun pouvoir sur vous, que par vous ? Comment vous oserait-il courir sus, s'il n'avait intelligence avec vous ? Que vous pourrait-il faire, si vous n'étiez recéleurs du larron qui vous pille, complices du meurtrier qui vous tue et traîtres à vous-mêmes ? Vous semez vos fruits, afin qu'il en fasse le dégât ; vous meublez et remplissez vos maisons, afin de fournir à ses pilleries ; vous nourrissez vos filles, afin qu'il ait de quoi soûler sa luxure ; vous nourrissez vos enfants, afin que, pour le mieux qu'il leur saurait faire, il les mène en ses guerres, qu'il les conduise à la boucherie, qu'il les fasse les ministres de ses convoitises, et les exécuteurs de ses vengeances ; vous rompez à la peine vos personnes, afin qu'il se puisse mignarder en ses délices et se vautrer dans les sales et vilains plaisirs ; vous vous affaiblissez, afin de le rendre plus fort et roide à vous tenir plus courte la bride ; et de tant d'indignités, que les bêtes mêmes ou ne les sentiraient point, ou ne l'endureraient point, vous pouvez vous en délivrer, si vous l'essayez, non pas de vous en délivrer, mais seulement de le vouloir faire. Soyez résolus de ne servir plus, et vous voilà libres. Je ne veux pas que vous le poussiez ou l'ébranliez, mais seulement ne le soutenez plus, et vous le verrez, comme un grand colosse à qui on a dérobé sa base, de son poids même fondre en bas et se rompre.

Mais certes les médecins conseillent bien de ne mettre pas la main aux plaies incurables, et je ne fais pas sagement de vouloir prêcher en ceci le peuple qui perdu, longtemps a, toute connaissance, et duquel, puisqu'il ne sent plus son mal, cela montre assez que sa maladie est mortelle. Cherchons donc par conjecture, si nous en pouvons trouver, comment s'est ainsi si avant enracinée cette opiniâtre volonté de servir, qu'il semble maintenant que l'amour même de la liberté ne soit pas si naturelle.

Premièrement, cela est, comme je crois, hors de doute que, si nous vivions avec les droits que la nature nous a donnés et avec les enseignements qu'elle nous apprend, nous serions naturellement obéissants aux parents, sujets à la raison, et serfs de personne. De l'obéissance que chacun, sans autre avertissement que de son naturel, porte à ses père et mère, tous les hommes s'en sont témoins, chacun pour soi ; de la raison, si elle naît avec nous, ou non, qui est une question débattue à fond par les académiques et touchée par toute l'école des philosophes. Pour cette heure je ne penserai point faillir en disant cela, qu'il y a en notre âme quelque naturelle semence de raison, laquelle, entretenue par bon conseil et coutume, florit en vertu, et, au contraire, souvent ne pouvant durer contre les vices survenus, étouffée, s'avorte. Mais certes, s'il y a rien de clair ni d'apparent en la nature et où il ne soit pas permis de faire l'aveugle, c'est cela que la nature, le ministre de Dieu, la gouvernante des hommes, nous a tous faits de même forme, et, comme il semble, à même moule, afin de nous entreconnaître tous pour compagnons ou plutôt pour frères ; et si, faisant les partages des présents qu'elle nous faisait, elle a fait quelque avantage de son bien, soit au corps ou en l'esprit, aux uns plus qu'aux autres, si n'a-t-elle pourtant entendu nous mettre en ce monde comme dans un camp clos, et n'a pas envoyé ici-bas les plus forts ni les plus avisés, comme des brigands armés dans une forêt, pour y gourmander les plus faibles ; mais plutôt faut-il croire que, faisant ainsi les parts aux uns plus grandes, aux autres plus petites, elle voulait faire place à la fraternelle affection, afin qu'elle eût où s'employer, ayant les uns puissance de donner aide, les autres besoin d'en recevoir. Puis donc que cette bonne mère nous a donné à tous toute la terre pour demeure, nous a tous logés aucunement en même maison, nous a tous figurés à même patron, afin que chacun se put mirer et quasi reconnaître l'un dans l'autre ; si elle nous a donné à tous ce grand présent de la voix et de la parole pour nous accointer et fraterniser davantage, et faire, par la commune et mutuelle déclaration de nos pensées, une communion de nos volontés ; et si elle a tâché par tous moyens de serrer et étreindre si fort le nœud de notre alliance et société ; si elle a montré, en toutes choses, qu'elle ne voulait pas tant nous faire tous unis que tous uns, il ne faut pas faire doute que nous ne soyons naturellement libres, puisque nous sommes tous compagnons, et ne peut tomber en l'entendement de personne que nature ait mis aucun en servitude, nous ayant tous mis en compagnie.

Mais, à la vérité, c'est bien pour néant de débattre si la liberté est naturelle, puisqu'on ne peut tenir aucun en servitude sans lui faire tort, et qu'il n'y a rien si contraire au monde à la nature, étant toute raisonnable, que l'injure. Reste donc la liberté être naturelle, et par même moyen, à mon avis, que nous ne sommes pas nés seulement en possession de notre franchise, mais aussi avec affectation de la défendre. Or, si d'aventure nous nous faisons quelque doute en cela, et sommes tant abâtardis que ne puissions reconnaître nos biens ni semblablement nos naïves affections, il faudra que je vous fasse l'honneur qui vous appartient, et que je monte, par manière de dire, les bêtes brutes en chaire, pour vous enseigner votre nature et condition. Les bêtes, ce maid' Dieu ! si les hommes ne font trop les sourds, leur crient : VIVE LIBERTE ! Plusieurs en y a d'entre elles qui meurent aussitôt qu'elles sont prises : comme le poisson quitte la vie aussitôt que l'eau, pareillement celles-là quittent la lumière et ne veulent point survivre à leur naturelle franchise. Si les animaux avaient entre eux quelques prééminences, ils feraient de celles-là leur noblesse. Les autres, des plus grandes jusqu'aux plus petites, lorsqu'on les prend, font si grande résistance d'ongles, de cornes, de bec et de pieds, qu'elles déclarent assez combien elles tiennent cher ce qu'elles perdent ; puis, étant prises, elles nous donnent tant de signes apparents de la connaissance qu'elles ont de leur malheur, qu'il est bel à voir que ce leur est plus languir que vivre, et qu'elles continuent leur vie plus pour plaindre leur aise perdue que pour se plaire en servitude. Que veut dire autre chose l'éléphant qui, s'étant défendu jusqu'à n'en pouvoir plus, n'y voyant plus d'ordre, étant sur le point d'être pris, il enfonce ses mâchoires et casse ses dents contre les arbres, sinon que le grand désir qu'il a de demeurer libre, ainsi qu'il est, lui fait de l'esprit et l'avise de marchander avec les chasseurs si, pour le prix de ses dents, il en sera quitte, et s'il sera reçu de bailler son ivoire et payer cette rançon pour sa liberté ? Nous appâtons le cheval dès lors qu'il est né pour l'apprivoiser à servir ; et si ne le savons-nous si bien flatter que, quand ce vient à le dompter, il ne morde le frein, qu'il ne rue contre l'éperon, comme (ce semble) pour montrer à la nature et témoigner au moins par là que, s'il sert, ce n'est pas de son gré, ainsi par notre contrainte. Que faut-il donc dire ?

Même les bœufs sous le poids du joug geignent,
Et les oiseaux dans la cage se plaignent,

comme j'ai dit autrefois, passant le temps à nos rimes françaises ; car je ne craindrai point, écrivant à toi, ô Longa, mêler de mes vers, desquels je ne lis jamais que, pour le semblant que tu fais de t'en contenter, tu ne m'en fasses tout glorieux. Ainsi donc, puisque toutes choses qui ont sentiment, dès lors qu'elles l'ont, sentent le mal de la sujétion et courent après la liberté, puisque les bêtes, qui encore sont faites pour le service de l'homme, ne se peuvent accoutumer à servir qu'avec protestation d'un désir contraire, quel malencontre a été cela qui a pu tant dénaturer l'homme, seul né, de vrai, pour vivre franchement, et lui faire perdre la souvenance de son premier être et le désir de le reprendre ?

Il y a trois sortes de tyrans : les uns ont le royaume par élection du peuple, les autres par la force des armes, les autres par succession de leur race. Ceux qui les ont acquis par le droit de la guerre, ils s'y portent ainsi qu'on connaît bien qu'ils sont (comme l'on dit) en terre de conquête. Ceux-là qui naissent rois ne sont pas communément guère meilleurs, ainsi étant nés et nourris dans le sein de la tyrannie, tirent avec le lait la nature du tyran, et font état des peuples qui sont sous eux comme de leurs serfs héréditaires ; et, selon la complexion de laquelle ils sont plus enclins, avares ou prodigues, tels qu'ils sont, ils font du royaume comme de leur héritage. Celui à qui le peuple a donné l'état devrait être, ce me semble, plus insupportable, et le serait, comme je crois, n'était que dès lors qu'il se voit élevé par-dessus les autres, flatté par je ne sais quoi qu'on appelle la grandeur, il délibère de n'en bouger point ; communément celui-là fait état de rendre à ses enfants la puissance que le peuple lui a laissée : et dès lors que ceux-là ont pris cette opinion, c'est chose étrange de combien ils passent en toutes sortes de vices et même en la cruauté, les autres tyrans, ne voyant autres moyens pour assurer la nouvelle tyrannie que d'étreindre si fort la servitude et étranger tant leurs sujets de la liberté, qu'encore que la mémoire en soit fraîche, ils la leur puissent faire perdre. Ainsi, pour en dire la vérité, je vois bien qu'il y a entre eux quelque différence, mais de choix, je n'y en vois point ; et étant les moyens de venir aux règnes divers, toujours la façon de régner est quasi semblable : les élus, comme s'ils avaient pris des taureaux à dompter, ainsi les traitent-ils ; les conquérants en font comme de leur proie ; les successeurs pensent d'en faire ainsi que de leurs naturels esclaves.

Mais à propos, si d'aventure il naissait aujourd'hui quelques gens tout neufs, ni accoutumés à la sujétion, ni affriandés à la liberté, et qu'ils ne sussent que c'est ni de l'un ni de l'autre, ni à grand peine des noms ; si on leur présentait ou d'être serfs, ou vivre francs, selon les lois desquelles ils ne s'accorderaient : il ne faut pas faire doute qu'ils n'aimassent trop mieux obéir à la raison seulement que servir à un homme ; sinon, possible, que ce fussent ceux d'Israël, qui, sans contrainte ni aucun besoin, se firent un tyran : duquel peuple je ne lis jamais l'histoire que je n'en aie trop grand dépit, et quasi jusqu'à en devenir inhumain pour me réjouir de tant de maux qui leur en advinrent. Mais certes tous les hommes, tant qu'ils ont quelque chose d'homme, devant qu'ils se laissent assujétir, il faut l'un des deux, qu'ils soient contraints ou déçus : contraints par des armes étrangères, comme Sparte ou Athènes par les forces d'Alexandre, ou par les factions, ainsi que la seigneurie d'Athènes était devant venue entre les mains de Pisistrate. Par tromperie perdent-ils souvent la liberté, et, en ce, ils ne sont pas si souvent séduits par autrui comme ils sont trompés par eux-mêmes : ainsi le peuple de Syracuse, la maîtresse ville de Sicile (on me dit qu'elle s'appelle aujourd'hui Saragousse), étant pressé par les guerres, inconsidérément ne mettant ordre qu'au danger présent, éleva Denis, le premier tyran, et lui donna la charge de la conduite de l'armée, et ne se donna garde qu'il l'eût fait si grand que cette bonne pièce-là, revenant victorieux, comme s'il n'eût pas vaincu ses ennemis mais ses citoyens, se fit de capitaine roi, et de roi tyran. Il n'est pas croyable comme le peuple, dès lors qu'il est assujetti, tombe si soudain en un tel et si profond oubli de la franchise, qu'il n'est pas possible qu'il se réveille pour la ravoir, servant si franchement et tant volontiers qu'on dirait, à le voir, qu'il a non pas perdu sa liberté, mais gagné sa servitude. Il est vrai qu'au commencement on sert contraint et vaincu par la force ; mais ceux qui viennent après servent sans regret et font volontiers ce que leurs devanciers avaient fait par contrainte. C'est cela, que les hommes naissant sous le joug, et puis nourris et élevés dans le servage, sans regarder plus avant, se contentent de vivre comme ils sont nés, et ne pensent point avoir autre bien ni autre droit que ce qu'ils ont trouvé, ils prennent pour leur naturel l'état de leur naissance. Et toutefois il n'est point d'héritier si prodigue et nonchalant que quelquefois ne passe les yeux sur les registres de son père, pour voir s'il jouit de tous les droits de sa succession, ou si l'on n'a rien entrepris sur lui ou son prédécesseur. Mais certes la coutume, qui a en toutes choses grand pouvoir sur nous, n'a en aucun endroit si grande vertu qu'en ceci, de nous enseigner à servir et, comme l'on dit de Mithridate qui se fit ordinaire à boire le poison, pour nous apprendre à avaler et ne trouver point amer le venin de la servitude. L'on ne peut pas nier que la nature n'ait en nous bonne part, pour nous tirer là où elle veut et nous faire dire bien ou mal nés ; mais si faut il confesser qu'elle a en nous moins de pouvoir que la coutume : pour ce que le naturel, pour bon qu'il soit, se perd s'il n'est entretenu ; et la nourriture nous fait toujours de sa façon, comment que ce soit, maugré la nature. Les semences de bien que la nature met en nous sont si menues et glissantes qu'elles ne peuvent endurer le moindre heurt de la nourriture contraire ; elles ne s'entretiennent pas si aisément comme elles s'abâtardissent, se fondent et viennent à rien : ni plus ni moins que les arbres fruitiers, qui ont bien tous quelque naturel à part, lequel ils gardent bien si on les laisse venir, mais ils le laissent aussitôt pour porter d'autres fruits étrangers et non les leurs, selon qu'on les ente. Les herbes ont chacune leur propriété, leur naturel et singularité ; mais toutefois le gel, le temps, le terroir ou la main du jardinier y ajoutent ou diminuent beaucoup de leur vertu : la plante qu'on a vue en un endroit, on est ailleurs empêché de la reconnaître. Qui verrait les Vénitiens, une poignée de gens vivant si librement que le plus méchant d'entre eux ne voudrait pas être le roi de tous, ainsi nés et nourris qu'ils ne reconnaissent point d'autre ambition sinon à qui mieux avisera et plus soigneusement prendra garde à entretenir la liberté, ainsi appris et faits dès le berceau qu'ils ne prendraient point tout le reste des félicités de la terre pour perdre le moindre de leur franchise ; qui aura vu, dis-je, ces personnages-là, et au partir de là s'en ira aux terres de celui que nous appellons Grand Seigneur, voyant là des gens qui ne veulent être nés que pour le servir, et qui pour maintenir sa puissance abandonnent leur vie, penserait-il que ceux-là et les autres eussent un même naturel, ou plutôt s'il n'estimerait pas que, sortant d'une cité d'hommes, il était entré dans un parc de bêtes ? Lycurgue, le policier de Sparte, avait nourri, ce dit-on, deux chiens, tous deux frères, tous deux allaités de même lait, l'un engraissé en la cuisine, l'autre accoutumé par les champs au son de la trompe et du huchet, voulant montrer au peuple lacédémonien que les hommes sont tels que la nourriture les fait, mit les deux chiens en plein marché, et entre eux une soupe et un lièvre : l'un courut au plat et l'autre au lièvre. « Toutefois, dit-il, si sont-ils frères ». Donc celui-là, avec ses lois et sa police, nourrit et fit si bien les Lacédémoniens, que chacun d'eux eut plus cher de mourir de mille morts que de reconnaître autre seigneur que le roi et la raison.

Je prends plaisir de ramentevoir un propos que tinrent jadis un des favoris de Xerxès, le grand roi des Persans, et deux Lacédémoniens. Quand Xerxès faisait les appareils de sa grande armée pour conquérir la Grèce, il envoya ses ambassadeurs par les cités grégeoises demander de l'eau et de la terre : c'était la façon que les Persans avaient de sommer les villes de se rendre à eux. À Athènes ni à Sparte n'envoya-t-il point, pour ce que ceux que Daire, son père, y avait envoyés, les Athéniens et les Spartiens en avaient jeté les uns dedans les fosses, les autres dans les puits, leur disant qu'ils prinsent hardiment de là de l'eau et de la terre pour porter à leur prince : ces gens ne pouvaient souffrir que, de la moindre parole seulement, on touchât à leur liberté. Pour en avoir ainsi usé, les Spartains connurent qu'ils avaient encouru la haine des dieux, même de Talthybie, le dieu des hérauts : ils s'avisèrent d'envoyer à Xerxès, pour les apaiser, deux de leurs citoyens, pour se présenter à lui, qu'il fît d'eux à sa guise, et se payât de là pour les ambassadeurs qu'ils avaient tués à son père. Deux Spartains, l'un nommé Sperte et l'autre Bulis, s'offrirent à leur gré pour aller faire ce paiement. De fait ils y allèrent, et en chemin ils arrivèrent au palais d'un Persan qu'on nommait Indarne, qui était lieutenant du roi en toutes les villes d'Asie qui sont sur les côtes de la mer. Il les accueillit fort honorablement et leur fit grande chère, et, après plusieurs propos tombant de l'un de l'autre, il leur demanda pourquoi ils refusaient tant l'amitié du roi. « Voyez, dit-il, Spartains, et connaissez par moi comment le roi sait honorer ceux qui le valent, et pensez que si vous étiez à lui, il vous ferait de même : si vous étiez à lui et qu'il vous eût connu, il n'y a celui d'entre vous qui ne fût seigneur d'une ville de Grèce. — En ceci, Indarne, tu ne nous saurais donner bon conseil, dirent les Lacédémoniens, pour ce que le bien que tu nous promets, tu l'as essayé, mais celui dont nous jouissons, tu ne sais que c'est : tu as éprouvé la faveur du roi ; mais de la liberté, quel goût elle a, combien elle est douce, tu n'en sais rien. Or, si tu en avais tâté, toi-même nous conseillerais-tu la défendre, non pas avec la lance et l'écu, mais avec les dents et les ongles. » Le seul Spartain disait ce qu'il fallait dire, mais certes et l'un et l'autre parlait comme il avait été nourri ; car il ne se pouvait faire que le Persan eût regret à la liberté, ne l'ayant jamais eue, ni que le Lacédémonien endurât la sujétion, ayant goûté la franchise.

Caton l'Uticain, étant encore enfant et sous la verge, allait et venait souvent chez Sylla le dictateur, tant pour ce qu'à raison du lieu et maison dont il était, on ne lui refusait jamais la porte, qu'aussi ils étaient proches parents. Il avait toujours son maître quand il y allait, comme ont accoutumé les enfants de bonne maison. Il s'aperçut que, dans l'hôtel de Sylla, en sa présence ou par son consentement, on emprisonnait les uns, on condamnait les autres ; l'un était banni, l'autre étranglé ; l'un demandait la confiscation d'un citoyen, l'autre la tête ;

en somme, tout y allait non comme chez un officier de ville, mais comme chez un tyran de peuple, et c'était non pas un parquet de justice, mais un ouvroir de tyrannie. Si dit lors à son maître ce jeune gars : « Que ne me donnez-vous un poignard ? Je le cacherai sous ma robe : j'entre souvent dans la chambre de Sylla avant qu'il soit levé, j'ai le bras assez fort pour en dépêcher la ville. » Voilà certes une parole vraiment appartenant à Caton : c'était un commencement de ce personnage, digne de sa mort. Et néanmoins qu'on ne die ni son nom ni son pays, qu'on conte seulement le fait tel qu'il est, la chose même parlera et jugera l'on, à belle aventure, qu'il était Romain et né dedans Rome, et lors qu'elle était libre. À quel propos tout ceci ? Non pas certes que j'estime que le pays ni le terroir y fassent rien, car en toutes contrées, en tout air, est amère la sujétion et plaisant d'être libre ; mais parce que je suis d'avis qu'on ait pitié de ceux qui, en naissant, se sont trouvés le joug sous le col, ou bien que si on les excuse, ou bien qu'on leur pardonne, si, n'ayant vu seulement l'ombre de la liberté et n'en étant point avertis, ils ne s'aperçoivent point du mal que ce leur est d'être esclaves. S'il y avait quelque pays, comme dit Homère des Cimmériens, où le soleil se montre autrement qu'à nous, et après leur avoir éclairé six mois continuels, il les laisse sommeillants dans l'obscurité sans les venir revoir de l'autre demie année, ceux qui naîtraient pendant cette longue nuit, s'ils n'avaient pas ouï parler de la clarté, s'ébahiraient ou si, n'ayant point vu de jour, ils s'accoutumaient aux ténèbres où ils sont nés, sans désirer la lumière ? On ne plaint jamais ce que l'on n'a jamais eu, et le regret ne vient point sinon qu'après le plaisir, et toujours est, avec la connaissance du mal, la souvenance de la joie passée. La nature de l'homme est bien d'être franc et de le vouloir être, mais aussi sa nature est telle que naturellement il tient le pli que la nourriture lui donne.

Disons donc ainsi, qu'à l'homme toutes choses lui sont comme naturelles, à quoi il se nourrit et accoutume ; mais cela seulement lui est naïf, à quoi la nature simple et non altérée l'appelle : ainsi la première raison de la servitude volontaire, c'est la coutume : comme des plus braves courtauds, qui au commencement mordent le frein et puis s'en jouent, et là où naguères ruaient contre la selle, ils se parent maintenant dans les harnais et tout fiers se gorgiassent sous la barde . Ils disent qu'ils ont été toujours sujets, que leurs pères ont ainsi vécu ; ils pensent qu'ils sont tenus d'endurer le mal et se font accroire par exemple, et fondent eux-mêmes sous la longueur du temps la possession de ceux qui les tyrannisent ; mais pour vrai, les ans ne donnent jamais droit de mal faire, ainsi agrandissent l'injure. Toujours s'en trouve il quelques-uns, mieux nés que les autres, qui sentent le poids du joug et ne se peuvent tenir de le secouer ; qui ne s'apprivoisent jamais de la sujétion et qui toujours, comme Ulysse, qui par mer et par terre cherchait toujours de voir de la fumée de sa case, ne se peuvent tenir d'aviser à leurs naturels privilèges et de se souvenir de leurs prédécesseurs et de leur premier être ; ceux sont volontiers ceux-là qui, ayant l'entendement net et l'esprit clairvoyant, ne se contentent pas comme le gros populas, de regarder ce qui est devant leurs pieds s'ils n'avisent et derrière et devant et ne remémorent encore les choses passées pour juger de celles du temps à venir et pour mesurer les présentes ; ce sont ceux qui, ayant la tête d'eux-mêmes bien faite, l'ont encore polie par l'étude et le savoir. Ceux-là, quand la liberté serait entièrement perdue et toute hors du monde, l'imaginent et la sentent en leur esprit, et encore la savourent, et la servitude ne leur est de goût, pour tant bien qu'on l'accoutre.

Le grand Turc s'est bien avisé de cela, que les livres et la doctrine donnent, plus que toute autre chose, aux hommes le sens et l'entendement de se reconnaître et d'haïr la tyrannie ; j'entends qu'il n'a en ses terres guère de gens savants ni n'en demande. Or, communément, le bon zéle et affection de ceux qui ont gardé malgré le temps la dévotion à la franchise, pour si grand nombre qu'il y en ait, demeure sans effet pour ne s'entreconnaître point : la liberté leur est toute ôtée, sous le tyran, de faire, de parler et quasi de penser ; ils deviennent tous singuliers en leurs fantaisies. Donc, Momes, le dieu moqueur, ne se moqua pas trop quand il trouva cela à redire en l'homme que Vulcain avait fait, de quoi il ne lui avait mis une petite fenêtre au cœur, afin que par là on put voir ses pensées. L'on voulsit bien dire que Brute et Casse, lorsqu'ils entreprindrent la délivrance de Rome, ou plutôt de tout le monde, ne voulurent pas que Cicéron, ce grand zélateur du bien public s'il en fut jamais, fut de la partie, et estimèrent son cœur trop faible pour un fait si haut : ils se fiaient bien de sa volonté, mais ils ne s'assuraient point de son courage. Et toutefois, qui voudra discourir les faits du temps passé et les annales anciennes, il s'en trouvera peu ou point de ceux qui voyant leur pays mal mené et en mauvaises mains, aient entrepris d'une intention bonne, entière et non feinte, de le délivrer, qui n'en soient venus à bout, et que la liberté, pour se faire paraître, ne se soit elle-même fait épaule. Harmode, Aristogiton, Thrasybule, Brute le vieux, Valère et Dion, comme ils l'ont vertueusement pensé, l'exécutèrent heureusement ; en tel cas, quasi jamais à bon vouloir ne défend la fortune. Brute le jeune et Casse ôtèrent bien heureusement la servitude, mais en ramenant la liberté ils moururent : non pas misérablement (car quel blasphème serait-ce de dire qu'il y ait eu rien de misérable en ces gens-là, ni en leur mort, ni en leur vie ?) mais certes au grand dommage, perpétuel malheur et entière ruine de la république, laquelle fut, comme il semble, enterrée avec eux. Les autres entreprises qui ont été faites depuis contre les empereurs romains n'étaient que conjurations de gens ambitieux, lesquels ne sont pas à plaindre des inconvénients qui leur en sont advenus, étant bel à voir qu'ils désiraient, non pas ôter, mais remuer la couronne, prétendant chasser le tyran et retenir la tyrannie. À ceux-ci je ne voudrais pas moi-même qu'il leur en fut bien succédé, et suis content qu'ils aient montré, par leur exemple, qu'il ne faut pas abuser du saint nom de liberté pour faire mauvaise entreprise.

Mais pour revenir à notre propos, duquel je m'étais quasi perdu, la première raison pourquoi les hommes servent volontiers, est pour ce qu'ils naissent serfs et sont nourris tels. De celle-ci en vient une autre, qu'aisément les gens deviennent, sous les tyrans, lâches et efféminés : dont je sais merveilleusement bon gré à Hyppocras, le grand-père de la médecine, qui s'en est pris garde, et l'a ainsi dit en l'un de ses livres qu'il institue *Des maladies* . Ce personnage avait certes en tout le cœur en bon lieu, et le montra bien lorsque le Grand Roi le voulut attirer près de lui à force d'offres et grands présents, il lui répondit franchement qu'il ferait grand conscience de se mêler de guérir les Barbares qui voulaient tuer les Grecs, et de bien servir, par son art à lui, qui entreprenait d'asservir la Grèce. La lettre qu'il lui envoya se voit encore aujourd'hui parmi ses autres œuvres, et témoignera pour jamais de son bon cœur et de sa noble nature. Or, est-il donc certain qu'avec la liberté se perd tout en un coup la vaillance. Les gens sujets n'ont point d'allégresse au combat ni d'âpreté : ils vont au danger quasi comme attachés et tous engourdis, par manière d'acquit, et ne sentent point bouillir dans leur cœur l'ardeur de la franchise qui fait mépriser le péril et donne envie d'achapter, par une belle mort entre ses compagnons, l'honneur et la gloire. Entre les gens libres, c'est à l'envi à qui mieux mieux, chacun pour le bien commun, chacun pour soi, ils s'attardent d'avoir tous leur part au mal de la défaite ou au bien de la victoire ; mais les gens asservis, outre ce courage guerrier, ils perdent aussi en toutes autres choses la vivacité, et ont le cœur bas et mol et incapable de toutes choses grandes. Les tyrans connaissent bien cela, et, voyant qu'ils prennent ce pli, pour les faire mieux avachir, encore ils aident-ils.

Xénophon, historien grave et du premier rang entre les Grecs, a fait un livre auquel il fait parler Simonide avec Hiéron, tyran de Syracuse, des misères du tyran. Ce livre est plein de bonnes et graves remontrances, et qui ont aussi bonne grâce, à mon avis, qu'il est possible. Que plût à Dieu que les tyrans qui ont jamais été l'eussent mis devant les yeux et s'en fussent servi de miroir ! Je ne puis pas croire qu'ils n'eussent reconnu leurs verrues et eu quelque honte de leurs taches. En ce traité il conte la peine en quoi sont les tyrans, qui sont contraints, faisant mal à tous, se craindre de tous. Entre autres choses, il dit cela, que les mauvais rois se servent d'étrangers à la guerre et les soudoient, ne s'osant fier de mettre à leurs gens, à qui ils ont fait tort, les armes en main. (Il y a bien eu de bons rois qui ont eu à leur solde des nations étrangères, comme les Français mêmes, et plus encore d'autrefois qu'aujourd'hui, mais à une autre intention, pour garder des leurs, n'estimant rien le dommage de l'argent pour épargner les hommes. C'est ce que disait Scipion, ce crois-je, le grand Africain, qu'il aimerait mieux avoir sauvé un citoyen que défait cent ennemis.) Mais, certes, cela est bien assuré, que le tyran ne pense jamais que la puissance lui soit assurée, sinon quand il est venu à ce point qu'il n'a sous lui homme qui vaille : donc à bon droit lui dire on cela, que Thrason en Térence se vante avoir reproché au maître des éléphants :

Pour cela si brave vous êtes
Que vous avez charge des bêtes.

Mais cette ruse de tyrans d'abêtir leurs sujets ne se peut pas connaître plus clairement que Cyrus fit envers les Lydiens, après qu'il se fut emparé de Sardis, la maîtresse ville de Lydie, et qu'il eut pris à merci Crésus, ce tant riche roi, et l'eut amené quand et soi : on lui apporta nouvelles que les Sardains s'étaient révoltés ; il les eut bientôt réduits sous sa main ; mais, ne voulant pas ni mettre à sac une tant belle ville, ni être toujours en peine d'y tenir une armée pour la garder, il s'avisa d'un grand expédient pour s'en assurer : il y établit des bordeaux, des tavernes et jeux publics, et fit publier une ordonnance que les habitants eussent à en faire état. Il se trouva si bien de cette garnison que jamais depuis contre les Lydiens il ne fallut tirer un coup d'épée. Ces pauvres et misérables gens s'amusèrent à inventer toutes sortes de jeux, si bien que les Latins en ont tiré leur mot, et ce que nous appelons *passe-temps*, ils l'appellent LUDI, comme s'ils voulaient dire LYDI. Tous les tyrans n'ont pas ainsi déclarés exprès qu'ils voulsissent efféminer leurs gens ; mais, pour vrai, ce que celui ordonna formellement et en effet, sous main ils l'ont pourchassé la plupart. À la vérité, c'est le naturel du mérite populaire, duquel le nombre est toujours plus grand dedans les villes, qu'il est soupçonneux à l'endroit de celui qui l'aime, et simple envers celui qui le trompe. Ne pensez pas qu'il y ait nul oiseau qui se prenne mieux à la pipée, ni poisson aucun qui, pour la friandise du ver, s'accroche plus tôt dans le haim que tous les peuples s'allèchent vitement à la servitude, par la moindre plume qu'on leur passe, comme l'on dit, devant la bouche ; et c'est chose merveilleuse qu'ils se laissent aller ainsi tôt, mais seulement qu'on les chatouille.

Les théâtres, les jeux, les farces, les spectacles, les gladiateurs, les bêtes étranges, les médailles, les tableaux et autres telles drogueries, c'étaient aux peuples anciens les appâts de la servitude, le prix de leur liberté, les outils de la tyrannie. Ce moyen, cette pratique, ces alléchements avaient les anciens tyrans, pour endormir leurs sujets sous le joug. Ainsi les peuples, assotis, trouvent beaux ces passe-temps, amusés d'un vain plaisir, qui leur passait devant les yeux, s'accoutumaient à servir aussi niaisement, mais plus mal, que les petits enfants qui, pour voir les luisantes images des livres enluminés, apprennent à lire. Les Romains tyrans s'avisèrent encore d'un autre point : de festoyer souvent les dizaines publiques, abusant cette canaille comme il fallait, qui se laisse aller, plus qu'à toute autre chose, au plaisir de la bouche : le plus avisé et entendu d'entre eux n'eut pas quitté son esculée de soupe pour recouvrer la liberté de la république de Platon. Les tyrans faisaient largesse d'un quart de blé, d'un sestier de vin et d'un sesterce ; et lors c'était pitié d'ouïr crier : *Vive le roi !* Les lourdauds ne s'avisaient pas qu'ils ne faisaient que recouvrer une partie du leur, et que cela même qu'ils recouvraient, le tyran ne leur eut pu donner, si devant il ne l'avait ôté à eux-mêmes. Tel eut amassé aujourd'hui le sesterce, et se fut gorgé au festin public, bénissant Tibère et Néron, et leur belle libéralité qui, le lendemain, étant contraint d'abandonner ses biens à leur avarice, ses enfants à la luxure, son sang même à la cruauté de ces magnifiques empereurs, ne disait mot, non plus qu'une pierre, ne remuait non plus qu'une souche . Toujours le populaire a eu cela : il est, au plaisir qu'il ne peut honnêtement recevoir, tout ouvert et dissolu, et, au tort et à la douleur qu'il ne peut honnêtement souffrir, insensible. Je ne vois pas maintenant personne qui, oyant parler de Néron, ne tremble même au surnom de ce vilain monstre, de cette orde et sale peste du monde ; et toutefois, de celui-là, de ce boutefeu, de ce bourreau, de cette bête sauvage, on peut bien dire qu'après sa mort, aussi vilaine que sa vie, le noble peuple romain en reçut tel déplaisir, se souvenant de ses jeux et de ses festins, qu'il fut sur le point d'en porter le deuil ; ainsi l'a écrit Corneille Tacite, auteur bon et grave, et l'un des plus certains. Ce qu'on ne trouvera pas étrange, vu que ce peuple là même avait fait auparavant à la mort de Jules César, qui donna congé aux lois et à la liberté, auquel personnage il n'y eut, ce me semble, rien qui vaille, car son humanité même, que l'on prêche tant, fut plus dommageable que la cruauté du plus sauvage tyran qui fut oncques, pour ce qu'à la vérité ce fut cette sienne venimeuse douceur qui, envers le peuple romain, sucra la servitude ; mais, après sa mort, ce peuple-là, qui avait encore en la bouche ses banquets et en l'esprit la souvenance de ses prodigalités, pour lui faire ses honneurs et le mettre en cendre, amoncelait à l'envi les bancs de la place, et puis lui éleva une colonne, comme au Père du peuple (ainsi le portait le chapiteau), et lui fit plus d'honneur, tout mort qu'il était, qu'il n'en devait faire par droit à homme du monde, si ce n'était par aventure à ceux qui l'avaient tué. Ils n'oublièrent pas aussi cela, les empereurs romains, de prendre communément le titre de tribun du peuple, tant pour que ce que cet office était tenu pour saint et sacré qu'aussi il était établi pour la défense et protection du peuple, et sous la faveur de l'État. Par ce moyen, ils s'assuraient que le peuple se fierait plus d'eux, comme s'il devait en ouïr le nom, et non pas sentir les effets au contraire. Aujourd'hui ne font pas beaucoup mieux ceux qui ne font guère mal aucun, même de conséquence, qu'ils ne passent devant quelque joli propos du bien public et soulagement commun : car tu sais bien, ô Longa, le formulaire, duquel en quelques endroits ils pourraient user assez finement ; mais, à la plupart, certes, il n'y peut avoir de finesse là où il y a tant d'impudence. Les rois d'Assyrie, et encore après eux ceux de Méde, ne se présentaient en public que le plus tard qu'ils pouvaient, pour mettre en doute ce populas s'ils étaient en quelque chose plus qu'hommes, et laisser en cette rêverie les gens qui font volontiers les imaginatifs aux choses desquelles ils ne peuvent juger de vue. Ainsi tant de nations, qui furent assez longtemps sous cet empire assyrien, avec ce mystère s'accoutumaient à servir et servaient plus volontiers, pour ne savoir pas quel maître ils avaient, ni à grand'peine s'ils en avaient, et craignaient tous, à crédit, un que personne jamais n'avait vu. Les premiers rois d'Égypte ne se montraient guère, qu'ils ne portassent tantôt un chat, tantôt une branche, tantôt du feu sur la tête ; et, ce faisant, par l'étrangeté de la chose ils donnaient à leurs sujets quelque révérence et admiration, où, aux gens qui n'eussent été trop sots ou trop asservis, ils n'eussent apprêté, ce m'est avis, sinon passe-temps et risée. C'est pitié d'ouïr parler de combien de choses les tyrans du temps passé faisaient leur profit pour fonder leur tyrannie ; de combien de petits moyens ils se servaient, ayant de tout temps trouvé ce populas fait à leur poste, auquel il ne savait si mal tendre filet qu'ils n'y vinssent prendre lequel ils ont toujours trompé à si bon marché qu'ils ne l'assujettissaient jamais tant que lorsqu'ils s'en moquaient le plus.

Que dirai-je d'une autre belle bourde que les peuples anciens prindrent pour argent comptant ? Ils crurent fermement que le gros doigt de Pyrrhe, roi des Épirotes, faisait miracles et guérissait les malades de la rate ; ils enrichirent encore mieux le conte, que ce doigt, après qu'on eut brûlé tout le corps mort, s'était trouvé entre les cendres, s'étant sauvé, malgré le feu. Toutefois ainsi le peuple sot fait lui-même les mensonges, pour puis après les croire. Prou de gens l'ont ainsi écrit, mais de façon qu'il est bel à voir qu'ils ont amassé cela des bruits de ville et du vain parler du populas. Vespasien, revenant d'Assyrie et passant à Alexandrie pour aller à Rome, s'emparer de l'empire, fit merveilles : il addressait les boiteux, il rendait clairvoyants les aveugles, et tout plein d'autres belles choses auxquelles qui ne pouvait voir la faute qu'il y avait, il était à mon avis plus aveugle que ceux qu'il guérissait. Les tyrans même trouvaient bien étrange que les hommes pussent endurer un homme leur faisant mal ; ils voulaient fort se mettre la religion devant pour gardecorps, et, s'il était possible, emprunter quelque échantillon de la divinité pour le maintien de leur méchante vie. Donc Salmonée, si l'on croit à la sibylle de Virgile en son enfer, pour s'être ainsi moquée des gens et avoir voulu faire du Jupiter, en rend maintenant compte, et elle le vit en l'arrière-enfer,

Souffrant cruels tourments, pour vouloir imiter
Les tonnerres du ciel, et feux de Jupiter,
Dessus quatre coursiers, celui allait, branlant,
Haut monté, dans son poing un grand flambeau brillant.
Par les peuples grégeois et dans le plein marché,

Dans la ville d'Élide haut il avait marché
Et faisant sa bravade ainsi entreprenait
Sur l'honneur qui, sans plus, aux dieux appartenait.
L'insensé, qui l'orage et foudre inimitable
Contrefaisait, d'airain, et d'un cours effroyable
De chevaux cornepieds, le Père tout puissant ;
Lequel, bientôt après, ce grand mal punissant,
Lança, non un flambeau, non pas une lumière
D'une torche de cire, avecque sa fumière,
Et de ce rude coup d'une horrible tempête,
Il le porta à bas, les pieds par-dessus tête.

Si celui qui ne faisait que le sot est à cette heure bien traité là-bas, je crois que ceux qui ont abusé de la religion, pour être méchants, s'y trouvent encore à meilleures enseignes.

Les nôtres semèrent en France je ne sais quoi de tel, des crapauds, des fleurs de lis, l'ampoule et l'oriflamme. Ce que de ma part, comment qu'il en soit, je ne veux pas mécroire, puisque nous ni nos ancêtres n'avons eu jusqu'ici aucune occasion de l'avoir mécru, ayant toujours eu des rois si bons en la paix et si vaillants en la guerre, qu'encore qu'ils naissent rois, il semble qu'ils ont été non pas faits comme les autres par la nature, mais choisis par le Dieu tout-puissant, avant que naître, pour le gouvernement et la conservation de ce royaume ; et encore, quand cela n'y serait pas, si ne voudrais-je pas pour cela entrer en lice pour débattre la vérité de nos histoires, ni les éplucher si privément, pour ne tollir ce bel ébat, où se pourra fort escrimer notre poésie française, maintenant non pas accoutrée, mais, comme il semble, faite toute à neuf par notre Ronsard, notre Baïf, notre du Bellay, qui en cela avancent bien tant notre langue, que j'ose espérer que bientôt les Grecs ni les Latins n'auront guère, pour ce regard, devant nous, sinon, possible, le droit d'aînesse. Et certes je ferais grand tort à notre rime, car j'use volontiers de ce mot, et il ne me déplaît point pour ce qu'encore que plusieurs l'eussent rendue mécanique, toutefois je vois assez de gens qui sont à même pour la rennoblir et lui rendre son premier honneur ; mais je lui ferais, dis-je, grand tort de lui ôter maintenant ces beaux contes du roi Clovis, auxquels déjà je vois, ce me semble, combien plaisamment, combien à son aise s'y égayera la veine de notre Ronsard, en sa *Franciade*. J'entends la portée, je connais l'esprit aigu, je sais la grâce de l'homme : il fera ses besognes de l'oriflamb aussi bien que les Romains de leurs ancilles

et les boucliers du ciel en bas jettés,

ce dit Virgile ; il ménagera notre ampoule aussi bien que les Athéniens le panier d'Erichtone ; il fera parler de nos armes aussi bien qu'eux de leur olive qu'ils maintiennent être encore en la tour de Minerve. Certes je serais outrageux de vouloir démentir nos livres et de courir ainsi sur les erres de nos poètes. Mais pour retourner d'où, je ne sais comment, j'avais détourné le fil de mon propos, il n'a jamais été que les tyrans, pour s'assurer, ne se soient efforcés d'accoutumer le peuple envers eux, non seulement à obéissance et servitude, mais encore à dévotion. Donc ce que j'ai dit jusques ici, qui apprend les gens à servir plus volontiers, ne sert guère aux tyrans que pour le menu et grossier peuple.

Mais maintenant je viens à un point, lequel est à mon avis le ressort et le secret de la domination, le soutien et fondement de la tyrannie. Qui pense que les hallebardes, les gardes et l'assiette du guet garde les tyrans, à mon jugement se trompe fort ; et s'en aident-ils, comme je crois, plus pour la formalité et épouvantail que pour fiance qu'ils y aient. Les archers gardent d'entrer au palais les mal habillés qui n'ont nul moyen, non pas les bien armés qui peuvent faire quelque entreprise. Certes, des empereurs romains il est aisé à compter qu'il n'y en a pas eu tant qui aient échappé quelque danger par le secours de leurs gardes, comme de ceux qui ont été tués par leurs archers mêmes. Ce ne sont pas les bandes des gens à cheval, ce ne sont pas les compagnies des gens de pied, ce ne sont pas les armes qui défendent le tyran. On ne le croira pas du premier coup, mais certes il est vrai : ce sont toujours quatre ou cinq qui maintiennent le tyran, quatre ou cinq qui tiennent tout le pays en servage. Toujours il a été que cinq ou six ont eu l'oreille du tyran, et s'y sont approchés d'eux-mêmes, ou bien ont été appelés par lui, pour être les complices de ses cruautés, les compagnons de ses plaisirs, les maquereaux de ses voluptés, et communs aux biens de ses pilleries. Ces six adressent si bien leur chef, qu'il faut, pour la société, qu'il soit méchant, non pas seulement par ses méchancetés, mais encore des leurs. Ces six ont six cents qui profitent sous eux, et font de leurs six cents ce que les six font au tyran. Ces six cents en tiennent sous eux six mille, qu'ils ont élevé en état, auxquels ils font donner ou le gouvernement des provinces, ou le maniement des deniers, afin qu'ils tiennent la main à leur avarice et cruauté et qu'ils l'exécutent quand il sera temps, et fassent tant de maux d'ailleurs qu'ils ne puissent durer que sous leur ombre, ni s'exempter que par leur moyen des lois et de la peine. Grande est la suite qui vient après cela, et qui voudra s'amuser à dévider ce filet, il verra que, non pas les six mille, mais les cent mille, mais les millions, par cette corde, se tiennent au tyran, s'aident d'icelle comme, en Homère, Jupiter qui se vante, s'il tire la chaîne, d'emmener vers soi tous les dieux. De là venait la crue du Sénat sous Jules, l'établissement de nouveaux États, érection d'offices ; non pas certes à le bien prendre, réformation de la justice, mais nouveaux soutiens de la tyrannie. En somme que l'on en vient là, par les faveurs ou sous-faveurs, les gains ou regains qu'on a avec les tyrans, qu'il se trouve enfin quasi autant de gens auxquels la tyrannie semble être profitable, comme de ceux à qui la liberté serait agréable. Tout ainsi que les médecins disent qu'en notre corps, s'il y a quelque chose de gâté, dès lors qu'en autre endroit il s'y bouge rien, il se vient aussitôt rendre vers cette partie véreuse : pareillement, dès lors qu'un roi s'est déclaré tyran, tout le mauvais, toute la lie du royaume, je ne dis pas un tas de larroneaux et essorillés, qui ne peuvent guère en une république faire mal ni bien, mais ceux qui sont tâchés d'une ardente ambition et d'une notable avarice, s'amassent autour de lui et le soutiennent pour avoir part au butin, et être, sous le grand tyran, tyranneaux eux-mêmes. Ainsi font les grands voleurs et les fameux corsaires : les uns découvrent le pays, les autres chevalent les voyageurs ; les uns sont en embûche, les autres au guet ; les autres massacrent, les autres dépouillent, et encore qu'il y ait entre eux des prééminences, et que les uns ne soient que valets, les autres chefs de l'assemblée, si n'y en a-il à la fin pas un qui ne se sente sinon du principal butin, au moins de la recherche. On dit bien que les pirates siciliens ne s'assemblèrent pas seulement en si grand nombre, qu'il fallut envoyer contre eux Pompée le grand ; mais encore tirèrent à leur alliance plusieurs belles villes et grandes cités aux hâvres desquelles ils se mettaient en sûreté, revenant des courses, et pour récompense, leur baillaient quelque profit du recélement de leur pillage.

Ainsi le tyran asservit les sujets les uns par le moyen des autres, et est gardé par ceux desquels, s'ils valaient rien, il se devrait garder ; et, comme on dit, pour fendre du bois il fait des coins du bois même. Voilà ses archers, voilà ses gardes, voilà ses hallebardiers ; non pas qu'eux-mêmes ne souffrent quelquefois de lui, mais ces perdus et abandonnés de Dieu et des hommes sont contents d'endurer du mal pour en faire, non pas à celui qui leur en fait, mais à ceux qui en endurent comme eux, et qui n'en peuvent mais. Toutefois, voyant ces gens-là, qui nacquetent le tyran pour faire leurs besognes de sa tyrannie et de la servitude du peuple, il me prend souvent ébahissement de leur méchanceté, et quelquefois pitié de leur sottise : car, à dire vrai, qu'est-ce autre chose de s'approcher du tyran que se tirer plus arrière de sa liberté, et par manière de dire serrer à deux mains et embrasser la servitude ? Qu'ils mettent un petit à part leur ambition et qu'ils se déchargent un peu de leur avarice, et puis qu'ils se regardent eux-mêmes et qu'ils se reconnaissent, et ils verront clairement que les villageois, les paysans, lesquels tant qu'ils peuvent ils foulent aux pieds, et en font pis que de forçats ou esclaves, ils verront, dis-je, que ceux-là, ainsi malmenés, sont toutefois, au prix d'eux, fortunés et aucunement libres. Le laboureur et l'artisan, pour tant qu'ils soient asservis, en sont quittes en faisant ce qu'ils ont dit ; mais le tyran voit les autres qui sont près de lui, coquinant et mendiant sa faveur : il ne faut pas seulement qu'ils fassent ce qu'il dit, mais qu'ils pensent ce qu'il veut, et souvent, pour lui satisfaire, qu'ils préviennent encore ses pensées. Ce n'est pas tout à eux que de lui obéir, il faut encore lui complaire ; il faut qu'ils se rompent, qu'ils se tourmentent, qu'ils se tuent à travailler en ses affaires et puis qu'ils se plaisent de son plaisir, qu'ils laissent leur goût pour le sien, qu'ils forcent leur complexion, qu'ils dépouillent leur naturel ; il faut qu'ils se prennent garde à ses paroles, à sa voix, à ses signes et à ses yeux ; qu'ils n'aient ni œil, ni pied, ni main, que tout ne soit au guet pour épier ses volontés et pour découvrir ses pensées. Cela est-ce vivre heureusement ? cela s'appelle-il vivre ? est-il au monde rien moins supportable que cela, je ne dis pas à un homme de cœur, je ne dis pas à un bien né, mais seulement à un qui ait le sens commun, ou, sans plus, la face d'homme ? Quelle condition est plus misérable que de vivre ainsi, qu'on n'aie rien à soi, tenant d'autrui son aise, sa liberté, son corps et sa vie ?

Mais ils veulent servir pour avoir des biens : comme s'ils pouvaient rien gagner qui fût à eux, puisqu'ils ne peuvent pas dire de soi qu'ils soient à eux-mêmes ; et comme si aucun pouvait avoir rien de propre sous un tyran, ils veulent faire que les biens soient à eux, et ne se souviennent pas que ce sont eux qui lui donnent la force pour ôter tout à tous, et ne laisser rien qu'on puisse dire être à personne. Ils voient que rien ne rend les hommes sujets à sa cruauté que les biens ; qu'il n'y a aucun crime envers lui digne de mort que le dequoi ; qu'il n'aime que les richesses et ne défait que les riches, et ils se viennent présenter, comme devant le boucher, pour s'y offrir ainsi pleins et refaits et lui en faire envie. Ses favoris ne se doivent pas tant souvenir de ceux qui ont gagné autour des tyrans beaucoup de biens comme de ceux qui, ayant quelque temps amassé, puis après y ont perdu et les biens et les vies ; il ne leur doit pas tant venir en l'esprit combien d'autres y ont gagné de richesses, mais combien peu de ceux-là les ont gardées. Qu'on découvre toutes les anciennes histoires, qu'on regarde celles de notre souvenance, et on verra tout à plein combien est grand le nombre de ceux qui, ayant gagné par mauvais moyens l'oreille des princes, ayant ou employé leur mauvaistié ou abusé de leur simplesse, à la fin par ceux-là mêmes ont été anéantis et autant qu'ils y avaient trouvé de facilité pour les élever, autant y ont-ils connu puis après d'inconstance pour les abattre. Certainement en si grand nombre de gens qui se sont trouvés jamais près de tant de mauvais rois, il en a été peu, ou comme point, qui n'aient essayé quelquefois en eux-mêmes la cruauté du tyran qu'ils avaient devant attisée contre les autres : le plus souvent s'étant enrichis, sous l'ombre de sa faveur, des dépouilles d'autrui, ils l'ont à la fin eux-mêmes enrichi de leurs dépouilles.

Les gens de bien mêmes, si toutefois il s'en trouve quelqu'un aimé du tyran, tant soient-ils avant en sa grâce, tant reluise en eux la vertu et intégrité, qui voire aux plus méchants donne quelque révérence de soi quand on la voit de près, mais les gens de bien, dis-je, n'y sauraient durer, et faut qu'ils se sentent du mal commun, et qu'à leurs dépens ils éprouvent la tyrannie. Un Sénèque, un Burre, un Trasée, cette terne de gens de bien, desquels même les deux leur mâle fortune approcha du tyran et leur mit en main le maniement de ses affaires, tous deux estimés de lui, tous deux chéris, et encore l'un l'avait nourri et avait pour gages de son amitié la nourriture de son enfance ; mais ces trois-là sont suffisants témoins par leur cruelle mort, combien il y a peu d'assurance en la faveur d'un mauvais maître ; et, à la vérité, quelle amitié peut-on espérer de celui qui a bien le cœur si dur que d'haïr son royaume, qui ne fait que lui obéir, et lequel, pour ne se savoir pas encore aimer, s'appauvrit lui-même et détruit son empire ?

Or, si l'on veut dire que ceux-là pour avoir bien vécu sont tombés en ces inconvénients, qu'on regarde hardiment autour de celui-là même, et on verra que ceux qui vindrent en sa grâce et s'y maintindrent par mauvais moyens ne furent pas de plus longue durée. Qui a ouï parler d'amour si abandonnée, d'affection si opiniâtre ? qui a jamais lu d'homme si obstinément acharné envers femme que celui-là envers Popée ? Or, fut-elle après empoisonnée par lui-même. Agrippine, sa mère, avait tué son mari Claude, pour lui faire place à l'empire ; pour l'obliger, elle n'avait jamais fait difficulté de rien faire ni de souffrir : donc son fils même, son nourrisson, son empereur fait de sa main, après l'avoir souvent faillie, enfin lui ôta la vie ; il n'y eut lors personne qui ne dit qu'elle avait trop bien mérité cette punition, si ç'eut été par les mains de tout autre que de celui à qui elle l'avait baillée. Qui fut onc plus aisé à manier, plus simple, pour le dire mieux, plus vrai niais que Claude l'empereur ? Qui fut onc plus coiffé que femme que lui de Messaline ? Il la mit enfin entre les mains du bourreau. La simplesse demeure toujours aux tyrans, s'ils en ont, à ne savoir bien faire, mais je ne sais comment à la fin, pour user de cruauté, même envers ceux qui leur sont près, si peu qu'ils ont d'esprit, cela même s'éveille. Assez commun est le beau mot de cet autre qui, voyant la gorge de sa femme découverte, laquelle il aimait le plus, et sans laquelle il semblait qu'il n'eut su vivre, il la caressa de cette belle parole : « Ce beau col sera tantôt coupé, si je le commande. » Voilà pourquoi la plupart des tyrans anciens étaient communément tués par leurs plus favoris, qui, ayant connu la nature de la tyrannie, ne se pouvaient tant assurer de la volonté du tyran comme ils se défiaient de sa puissance. Ainsi fut tué

Domitien par Étienne, Commode par une de ses amies mêmes, Antonin par Macrin, et de même quasi tous les autres .

C'est cela que certainement le tyran n'est jamais aimé ni n'aime. L'amitié, c'est un nom sacré, c'est une chose sainte ; elle ne se met jamais qu'entre gens de bien, et ne se prend que par une mutuelle estime ; elle s'entretient non tant par bienfaits que par la bonne vie. Ce qui rend un ami assuré de l'autre, c'est la connaissance qu'il a de son intégrité : les répondants qu'il en a, c'est son bon naturel, la foi et la constance. Il n'y peut avoir d'amitié là où est la cruauté, là où est la déloyauté, là où est l'injustice ; et entre les méchants, quand ils s'assemblent, c'est un complot, non pas une compagnie ; ils ne s'entraiment pas, mais ils s'entrecraignent ; ils ne sont pas amis, mais ils sont complices.

Or, quand bien cela n'empêcherait point, encore serait-il malaisé de trouver en un tyran un amour assuré, parce qu'étant au-dessus de tous, et n'ayant point de compagnon, il est déjà au delà des bornes de l'amitié, qui a son vrai gibier en l'égalité, qui ne veut jamais clocher, ainsi est toujours égale. Voilà pourquoi il y a bien entre les voleurs (ce dit-on) quelque foi au partage du butin, pour ce qu'ils sont pairs et compagnons, et s'ils ne s'entraiment, au moins ils s'entrecraignent et ne veulent pas, en se désunissant, rendre leur force moindre ; mais du tyran, ceux qui sont ses favoris n'en peuvent avoir jamais aucune assurance, de tant qu'il a appris d'eux-mêmes qu'il peut tout, et qu'il n'y a droit ni devoir aucun qui l'oblige, faisant son état de compter sa volonté pour raison, et n'avoir compagnon aucun, mais d'être de tous maître. Donc n'est-ce pas grande pitié que, voyant tant d'exemples apparents, voyant le danger si présent, personne ne se veuille faire sage aux dépens d'autrui, et que, de tant de gens s'approchant si volontiers des tyrans, qu'il n'y pas un qui ait l'avisement et la hardiesse de leur dire ce que dit, comme porte le conte, le renard au lion qui faisait le malade : « Je t'irais voir en ta tanière ; mais je vois bien assez de traces de bêtes qui vont en avant vers toi, mais qui reviennent en arrière je n'en vois pas une. »

Ces misérables voient reluire les trésors du tyran et regardent tout ébahis les rayons de sa braveté ; et, alléchés de cette clarté, ils s'approchent, et ne voient pas qu'ils se mettent dans la flamme qui ne peut faillir de les consumer : ainsi le satyre indiscret (comme disent les fables anciennes), voyant éclairer le feu trouvé par Prométhée, le trouva si beau qu'il l'alla baiser et se brûla ; ainsi le papillon qui, espérant jouir de quelque plaisir, se met dans le feu, pour ce qu'il reluit, il éprouve l'autre vertu, celle qui brûle, comme dit le poète toscan. Mais encore, mettons que ces mignons échappent les mains de celui qu'ils servent, ils ne se sauvent jamais du roi qui vient après : s'il est bon, il faut rendre compte et reconnaître au moins lors la raison ; s'il est mauvais et pareil à leur maître, il ne sera pas qu'il n'ait aussi bien ses favoris, lesquels aucunement ne sont pas contents d'avoir à leur tour la place des autres, s'ils n'ont encore le plus souvent et les biens et les vies. Se peut-il donc faire qu'il se trouve aucun qui, en si grand péril et avec si peu d'assurance, veuille prendre cette malheureuse place, de servir en si grande peine un si dangereux maître ? Quelle peine, quel martyre est-ce, vrai Dieu ? Être nuit et jour après pour songer de plaire à un, et néanmoins se craindre de lui plus que d'homme du monde ; avoir toujours l'œil au guet, l'oreille aux écoutes, pour épier d'où viendra le coup, pour découvrir les embûches, pour sentir la ruine de ses compagnons, pour aviser qui le trahit, rire à chacun et néanmoins se craindre de tous, n'avoir aucun ni ennemi ouvert ni ami assuré ; ayant toujours le visage riant et le cœur transi, ne pouvoir être joyeux, et n'oser être triste !

Mais c'est plaisir de considérer qu'est-ce qui leur revient de ce grand tourment, et le bien qu'ils peuvent attendre de leur peine de leur misérable vie. Volontiers le peuple, du mal qu'il souffre, n'en accuse point le tyran, mais ceux qui le gouvernent : ceux-là, les peuples, les nations, tout le monde à l'envi, jusqu'aux paysans, jusqu'aux laboureurs, ils savent leur nom, ils déchiffrent leurs vices, ils amassent sur eux mille outrages, mille vilenies, mille maudissons ; toutes leurs oraisons, tous leurs vœux sont contre ceux-là ; tous les malheurs, toutes les pestes, toutes leurs famines, ils les leur reprochent ; et si quelquefois ils leur font par apparence quelque honneur lors même qu'ils les maugréent en leur cœur, et les ont en horreur plus étrange que les bêtes sauvages. Voilà la gloire, voilà l'honneur qu'ils reçoivent de leur service envers les gens, desquels, quand chacun aurait une pièce de leur corps, ils ne seraient pas encore, ce leur semble, assez satisfaits ni à-demi saoûlés de leur peine ; mais certes, encore après qu'ils sont morts, ceux qui viennent après ne sont jamais si paresseux que le nom de ces mange-peuples ne soit noirci de l'encre de mille plumes, et leur réputation déchirée dans mille livres, et les os mêmes, par manière de dire, traînés par la postérité, les punissant, encore après leur mort, de leur méchante vie.

Apprenons donc quelquefois, apprenons à bien faire ; levons les yeux vers le ciel, ou pour notre honneur, ou pour l'amour même de la vertu, ou certes, à parler à bon escient, pour l'amour et honneur de Dieu tout-puissant, qui est assuré témoin de nos faits et juste juge de nos fautes. De ma part, je pense bien, et ne suis pas trompé, puisqu'il n'est rien si contraire à Dieu, tout libéral et débonnaire, que la tyrannie, qu'il réserve là-bas à part pour les tyrans et leurs complices quelque peine particulière.

AUTRES ÉCRITS

Sonnet un

PARDON AMOUR, pardon, ô Seigneur je te voue
Le reste de mes ans, ma voix et mes écrits,
Mes sanglots, mes soupirs, mes larmes et mes cris :
Rien, rien tenir d'aucun que de toi, je n'avoue.

Hélas comment de moi, ma fortune se joue.
De toi n'a pas long temps, amour, je me suis ri,
J'ai failli, je le vois, je me rends, je suis pris.
J'ai trop gardé mon cœur, or je le désavoue.

Si j'ai pour le garder retardé ta victoire,
Ne l'en traite plus mal, plus grande en est ta gloire.

Et si du premier coup tu ne m'as abattu,

Pense qu'un bon vainqueur et né pour être grand,
Son nouveau prisonnier, quand un coup il se rend,
Il prise et l'aime mieux, s'il a bien combattu.

Sonnet deux

C'est amour, c'est amour, c'est lui seul, je le sens,
Mais le plus vif amour, la poison la plus forte.
À qui onc pauvre cœur ait ouverte la porte :
Ce cruel n'a pas mis un de ses traits perçants,

Mais arc, traits et carquois, et lui tout dans mes sens.
Encore un mois n'a pas, que ma franchise est morte,
Que ce venin mortel dans mes veines je porte,
Et déjà j'ai perdu, et le cœur et le sens.

Et quoi ? Si cet amour à mesure croissoit,
Qui en si grand tourment dedans moi se conçoit ?
Ô crois, si tu peux croître, et amende en croissant.

Tu te nourris de pleurs, des pleurs je te promets,
Et pour te rafraîchir, des soupirs pour jamais.
Mais que le plus grand mal soit au moins en naissant.

Sonnet trois

C'est fait mon cœur, quittons la liberté.
De quoi me huy servirait la défense,
Que d'agrandir et la peine et l'offense ?

Plus ne suis fort, ainsi que j'ai été.

La raison fut un temps de mon côté,
Or révoltée elle veut que je pense
Qu'il faut servir, et prendre en récompense
Qu'onc d'un tel nœud nul ne fut arrêté.

S'il se faut rendre, alors il est saison,
Quand on n'a plus devers soi la raison.
Je vois qu'amour, sans que je le déserve,

Sans aucun droit, se vient saisir de moi ?
Et vois qu'encore il faut à ce grand Roi
Quand il a tort, que la raison lui serve.

Sonnet quatre

C'était alors, quand les chaleurs passées,
Le sale Automne aux cuves va foulant,
Le raisin gras dessous le pied coulant,
Que mes douleurs furent encommencées.

Le paisan bat ses gerbes amassées,
Et aux caveaux ses bouillants muids roulant,
Et des fruitiers son automne croulant,
Se venge lors des peines avancées.

Serait-ce point un présage donné
Que mon espoir est déjà moissonné ?
Non certes, non. Mais pour certain je pense,

J'aurai, si bien à deviner j'entends,
Si l'on peut rien pronostiquer du temps,
Quelque grand fruit de ma longue espérance.

Sonnet cinq

J'ai vu ses yeux perçants, j'ai vu sa face claire :
(Nul jamais sans son dam ne regarde les dieux)
Froid, sans cœur me laissa son œil victorieux,
Tout étourdi du coup de sa forte lumière.

Comme un surpris de nuit aux champs quand il éclaire,
Étonné, se pâlit si la flèche des cieux
Sifflant lui passe contre, et lui serre les yeux :
Il tremble, et voit, transi, Jupiter en colère.

Dis-moi Madame, au vrai, dis-moi si tes yeux verts
Ne sont pas ceux qu'on dit que l'amour tient couverts ?
Tu les avais, je crois, la fois que je t'ai vue,

Au moins il me souvient, qu'il me fut lors avis
Qu'amour, tout à un coup, quand premier je te vis,
Débanda dessus moi, et son arc, et sa vue.

Sonnet six

Ce dit maint un de moi, de quoi se plaint-il tant,
Perdant ses ans meilleurs en chose si légère ?
Qu'a-t-il tant à crier, si encore il espère ?
Et s'il n'espère rien, pourquoi n'est-il content ?

Quand j'étais libre et sain j'en disais bien autant.
Mais certes celui-là n'a la raison entière,
Ains a le cœur gâté de quelque rigueur fière,
S'il se plaint de ma plainte, et mon mal il n'entend.

Amour tout à un coup de cent douleurs me point,
Et puis l'on m'avertit que je ne crie point.
Si vain je ne suis pas que mon mal j'agrandisse

À force de parler : s'on m'en peut exempter,
Je quitte les sonnets, je quitte le chanter.
Qui me défend le deuil, celui-là me guérisse.

Printed in Great Britain
by Amazon